Especimen

Eleonora Aldea Pardo

Especimen

Eleonora Aldea Pardo

ESPECIMEN
© Eleonora Aldea Pardo, 2017.
www.aldeapardo.com

Neón es un sello editorial del grupo ebooks Patagonia
www.ebookspatagonia.com
info@ebookspatagonia.com
Rafael Cañas 16, Of. D, Providencia
Santiago de Chile

ISBN: 978-956-9984-01-3
Propiedad intelectual: 282.880

Edición: María Paz Rodríguez
Diagramación: Eleonora Aldea Pardo / Catherine Trigo
Diseño de portada: Eleonora Aldea Pardo
Fotografía autor: Leopoldo Gutiérrez Aldea

Impreso en Chile / Printed in Chile

En Tipografía, un ***especimen*** es una publicación en la que se presenta una familia tipográfica. Detallando los caracteres que la componen, sus distintos usos y variantes, básicamente responde a las preguntas: ¿cuál es la tipografía?, ¿cómo es?, ¿qué elementos tiene?, ¿cómo puedo usarla?

AMOR

Me tatué AMOR en el brazo izquierdo. Me gusta que en algunas fotos pareciera que dice ROMA. Porque las dos palabras significan, para mí, un origen. Desde el amor, todo. Desde Roma, todo. El alfabeto, los hijos, los nombres, el lenguaje. Desde mi brazo izquierdo vivo mi vida.

Lástima que mi tatuaje se infectó y con lo alharaca que soy estuve días pensando que me lo iban a tener que amputar.

NADIE SABE QUE AMA, NADIE PIENSA QUE AMA.
El amor se huele, se toca, se degusta, se escucha, se ve
en el cuello, en la guata, en las manos bien abiertas
en algo que se dice muy bajito
y se paran los pelos.

Todo empieza con la A. Con una A de peluche que se cose a mano. Porque su nombre empezaba con A y era su cumpleaños. Porque le gustaban las letras y me pareció que regalarle una A era apropiado, junto a veintidós regalos más porque cumplía 23.

Dos días después de eso, terminó conmigo.

Él me encargó un libro de tipografía cuando viajé a Nueva York para pasar el año nuevo allá con mi hermano que trabaja en una aerolínea. Él tenía *Educación Tipográfica* de Francisco Gálvez y me lo prestó para que lo leyera. Él me habló sobre sus pasiones y yo lo escuché. ¿No es eso el amor básicamente? Escuchar hablar a alguien. Mirarlo mientras te habla. Yo lo miré mucho mientras él me habló sobre letras. Y aunque me gustaría tener una mejor historia para contar, cuando me preguntan sobre cómo y cuándo nació mi pasión por las letras, acá es donde empieza. Con un pololo que me pateó.

Su nombre era Armando y yo solía escribirlo así:

A(r)mando. Me parecía fascinante amar a alguien cuyo nombre contuviera la acción misma de amarlo. Estuvimos juntos por ocho meses, pero yo creo que lo amé (y lo sufrí) por años. No sé si la relación fue tan buena, francamente, pero mi admiración por él era muy grande y muy sincera. Y por eso mismo me demoré mucho tiempo en dejar que su opinión de mí no me afectara. Para ser honesta, no estoy tan segura de haberlo logrado en un 100%, y debo admitir que escribiendo estas letras, este inicio de mi libro, me pregunto si lo va a leer. (Spoiler: no lo va a leer).

Armando me enseñó muchas cosas, y se sabe que no hay nada más caliente que alguien que te enseña cosas y que aparte, es mino. Una persona que te abre la mente, como cuando se terminan los trailers y la pantalla se expande antes que empiece la película. Una persona que admiras.

No hay amor sin admiración. No del bueno, por lo menos.

Porque uno crece cuando ama a alguien que admira. Uno busca ser mejor, aprender. Que el otro te respete, te mire hablar.

Un recuerdo, vívido como si fuera ayer: la primera y única vez que he sido víctima de un asalto, estábamos juntos. Él vivía en La Florida y una de mis bandas favoritas en ese momento venía a tocar a Santiago. La banda era Catupecu Machu (ya no los escucho, pero si me pilla mal parada *Perfectos Cromosomas* todavía me hace llorar). Yo vivía en Viña y tenía 21 años. No logro recordar si en ese momento mis papás seguían siendo excesivamente aprehensivos o, simplemente, ese día me sentía aventurera, pero les mentí para ir al concierto en Santiago. Les dije que iba a pasar de largo trabajando en la casa de una compañera, y con otra amiga partimos al concierto. Fue violento, emocionante, sudado y gritado. Armando me esperó afuera (hasta ese momento era un buen pololo) y nos fuimos a su casa después del concierto.

Si miro hacia atrás, caminar por la calle solos de madrugada y con mochilas llenas de cosas valiosas quizás no fue la mejor idea, pero a esa edad y tan enamorada, uno no piensa claro.

Desde un callejón apareció un grupo de hombres que hoy recuerdo como sombras aterradoras; algo así como los entes que se llevaban a los malos al infierno en *Ghost*. Nos acorralaron, se llevaron mi mochila entera (hasta hoy me duele haber perdido mi discman y mi portadiscos lleno de CD's favoritos y originales como el *Grace* de Jeff Buckley o el *Give Up* de The Postal Service. Guardé para siempre esas cajas vacías). Y mientras me manoseaban buscando más cosas en mis bolsillos, vi como una de esas sombras negras tironeaba a Armando para quitarle la chaqueta, en cuyo bolsillo tenía su iPod. No sé si fue que no pude soportar la idea de que los dos perdiéramos nuestra música favorita, o que el ladrón le empezara a pegar combos en la cabeza a la persona que más quería en ese momento, pero recuerdo que el resto de los asaltantes ya se habían ido y yo, como una loca, empecé a gritarle al que quedaba que se llevara mi chaqueta, que no le pegara a Armando. Pensé incluso, en una movida de infinita estupidez, tirarme encima.

No fue necesario porque el asaltante huyó, Armando me tomó de la mano y así corrimos hasta su casa con la adrenalina bombeando fuerte. Cuando llegamos, hicimos el amor en la ducha, y antes de dormir, acostados cara a cara, nos dijimos que nos amábamos por primera vez. Y no me importó ni el asalto, ni el hecho de que esa misma noche mi sobrino se enfermó, lo hospitalizaron, mis papás me llamaron al celular, contestó uno de los ladrones, mi mentira quedó expuesta, y yo no me enteré sino hasta el otro día, cuando llegamos con Armando a mi casa, y mis papás tuvieron una conversación muy seria con nosotros en el living. Nada me importó.

Sólo por ese recuerdo final, considero que ésa fue una buena noche. Sólo por haberme hablado de letras; haberme prestado sus libros y haberme enseñado muchas cosas, considero que Armando fue un aporte en mi vida. Aunque la mayoría del tiempo haya sido ese tipo muy específico de egocéntrico talentoso del que uno suele enamorarse a esa edad. Y que te hace sufrir mucho.

Bailo con mis hijos en el living. Le hago muecas al chico y hago chistes con el grande, mudo al chico y hago las tareas con el grande, el grande me pide que le alcance una servilleta (los adultos de la casa somos muy altos y guardamos todo a nuestra altura), el chico a su manera me pide que lo tome. Los beso, los abrazo, les hago cosquillas, los necesito. Les hago comida, los baño, los salvo de peligros inminentes, me necesitan. Al chico le enseño a no tirarse de la cama, los nombres de todo lo que apunta con su dedo gordito, le enseño a caminar, a masticar. Cosas esenciales que un día yo también aprendí. Al grande le enseño a pronunciar bien las palabras en inglés, a lidiar con la compañera que lo molesta. Le enseño que cuando uno dice algo sin pensarlo mucho, puede ofender o apenar a otras personas; lecciones que aún yo misma estoy aprendiendo.

Pienso en mi mamá. En mis dos hermanos mayores. En que estamos todos grandes con nuestros hijos, familias, sueños y vidas propias. Pienso que alguna vez, aunque ya no lo pueda recordar, fui como mis hijos. Pienso que algún día, que aún no puedo imaginar, ellos van a ser como yo soy ahora. Y quizás no se van a acordar de bailar conmigo en el living. Quiero que se acuerden de bailar conmigo en el living. Y lloro. Y me pregunto cómo es que mi mamá no llora todos los días por no tenernos ahí. Porque ella sí se acuerda. Que un tiempo, hace mucho tiempo, la necesitábamos tanto. Que nos mostró cómo cerrarnos los chalecos, que nos tomó la mano para cruzar la calle. Que no sabíamos nada y ella nos enseñó (casi) todo.

Pero así es la vida, me dice por teléfono, y me asegura que mis hijos van a crecer y voy a saber dejarlos ir, aunque ahora me sea imposible imaginarlo. Que aunque no me dejen trabajar, y duerma mal, y esté cansada y no tenga tiempo, tengo que disfrutar estos momentos.

Así que bailo. Y bailamos. Y en ese baile estoy yo y ellos y mi mamá y yo cuando chica y ellos cuando grandes y todo el círculo del tiempo, mientras suena una perfecta y eterna canción pop de fondo.

C

Siempre que digo que estoy casada, me preguntan por qué me casé. No siempre, eso sería una exageración. Pero casi siempre. Y si yo tuviera que dar la respuesta más simple, diría que me gusta tener un anillo en mi dedo que dice "Cristóbal". Que me gusta que mi marido tenga un anillo en el dedo que dice "Eleonora". A veces veo fotos de él en la revista donde trabaja, y veo su anillo y me gusta saber que ahí está tallado mi nombre.

Me gusta imaginármelo, cuando no estamos juntos, viviendo su vida, con el anillo en el dedo. Hay una razón por la cual existe esa canción: "las mujeres dicen que el hombre casado sabe más bueno", y no es porque las mujeres seamos víboras siniestras que estamos esperando en los arbustos que alguna esposa descuide a su marido. No. Pasa que el compromiso es atractivo. Una persona que es capaz de comprometerse, es apetecible. Especialmente en estos tiempos en los que todo se siente tan volátil. Me gusta estar comprometida. Creer.

También me gustan los símbolos, el lenguaje. Cuando yo presentaba a Cristóbal y decía es mi pololo, se sentía como una ofensa. Mi relación con Cristóbal es demasiado grande para caber en esa palabra tan ridícula. Cuando digo que es mi marido, se escucha como se siente. El día en que nos casamos fue, fuera de todo cliché, el día más feliz de mi vida. Y cómo no iba a serlo.

Básicamente hicimos una fiesta para toda la gente que nos ama, en la que les dijimos en voz alta:

Conscientes de todo lo que pueda estar mal, queremos intentar estar juntos para siempre.

Queremos no hacer el amor con otras personas, aunque no entendemos muy bien por qué eso es necesario.

Queremos ser los que decidamos si nos desenchufan de la máquina si no salimos del coma. Queremos corregirnos el uno al otro cuando estemos contando historias.

Queremos dormirnos y despertarnos juntos, todos los días y todas las noches, con todos los olores que eso involucra.

Queremos tener hijos, aunque sí, sí, el mundo está sobrepoblado, y por qué mejor no adoptar y ay que ecogéntricos. Cállense y déjennos tener hijos.

Ahora escribiendo todo esto, pienso que habrían sido excelentes votos de matrimonio, pero en vez de eso dijimos frases muy tiernas y profundas que hicieron llorar a varios de los asistentes.

Cristóbal leyó un extracto de un cuento de Raymond Carver que hablaba sobre pájaros que vuelan juntos. Leyó porque es silencioso y tranquilo, inteligente y, en general, mucho mejor que yo. Él lee en la micro y en el metro aunque vaya parado. Dominó la técnica cuando iba en la universidad. Es flaco, alto, objetivamente guapo. La gente siempre recuerda su pelo. Crespo, salvaje. Se viste a diario con tres colores: gris, negro y azul marino. Es su uniforme para la vida. Y zapatillas, no usa zapatos. Es austero en una época de consumismo desenfrenado. No sé cómo lo hace. Me enloquece.

Aparte de leer, escribe. Su trabajo es escribir y lo hace muy bien, aunque lo que escribe por placer lo hace aún mejor. Mirando el vacío piensa en frases que terminarán un párrafo de la mejor manera. Piensa mucho. Habla poco. Lo que hace que mucha gente desconfíe de él o le tema. Incluso yo le temo, especialmente en las mañanas, cuando confundo su silencio con enojo.

Todos los días sin excepción lleva a mi hijo mayor al colegio. Le hace desayuno y le prepara la colación, mientras yo duermo. Casi todas las tardes al llegar, sin importar lo cansado que esté, lleva a los niños al parque. Cuando se van los despido en la puerta y me siento agradecida y culpable. También enamorada.

Le gusta comprar en la Vega porque es más barato y sano. Le da una importancia a la comida que yo no le doy. A mí me gusta salir a comer cosas ricas. Tiene que ver con las distintas crianzas y familias. Él trae la suya, yo traigo la mía y de la mezcla va saliendo la nuestra.

Cristóbal es tímido. Serio. No cae bien a la primera. Quizás ni a la segunda o tercera. Yo me enamoré de él en dos días, pero creo que es porque me gustan demasiado los desafíos. Y él es un constante desafío. Le gusta el fútbol y cocinar. Ver películas antiguas que me dan sueño. Camina mucho y anda en bicicleta muy rápido. En la cancha (y en la vida) juega de defensa. Yo soy puro ataque.

Cristóbal tiene un anillo en el dedo que dice mi nombre. Y yo tengo uno que dice el de él. Y eso sería más o menos todo lo que tenemos en común.

Comunidad
v/s
COMPETENCIA

Estábamos en mi cumpleaños. Era febrero y todos estábamos en la piscina. Las mujeres tomábamos cerveza, conversando reunidas en el borde, mientras los hombres, en el lado más profundo, jugaban a tirar lejos a mi hijo mayor. Empezaron a hacer de esto un concurso; quién lanzaba más lejos a Leopoldo. Nosotras los mirábamos y nos reíamos (de ellos).

D

Me gusta la gente crespa. Me gusta *Mojo Pin* de Jeff Buckley, especialmente cuando dice "I still feel your hair, black ribbons of coal", y yo recuerdo mis manos, metidas dentro de pelos crespos, llenas de hermosas cintas negras de carbón.

Es íntimo tocar el pelo de alguien. Una vez una mujer —otra mujer— estiró su mano y tocó el pelo de mi marido, frente a mí. No la culpo, lo primero que quise tocarle a Cristóbal fue su pelo, pero desde ese día que ya no confío en ella.

Cuando un pelo es negro, brillante, salvaje y lleno de curvas, me dan más ganas aún de tocarlo. De sentirlo en mi piel. De hundir la cara en él e inhalar fuerte. La Daniela siempre tenía rico olor en el pelo.

No teníamos ni veinte años. Sí teníamos mucha marihuana, su auto y la costa. Y la música que escuchábamos estacionadas en un mirador, con todo el mar disponible. "The coast is always changing", decía una canción de Maximo Park que yo cantaba a gritos, mientras ella manejaba camino a la playa para pasar el día bajo el sol, en vez de ir a clases. Y nosotras cambiábamos como la costa. Crecíamos. De amigas a mejores amigas. De mejores amigas a personas enamoradas que no quieren estar con nadie más.

Todos somos bisexuales. O podríamos serlo. No logro entender que alguien se reste de conocer y disfrutar sexualmente a la otra mitad de la población sólo por el aparataje que tienen entre las piernas. Me parece un detalle menor. Esto no significa que yo quiera tocarle el pelo a todas las personas que conozco. No. Significa que cuando quiero intimar con alguien, las razones son de muy variada naturaleza, y ninguna de ellas tiene que ver con su sexo.

Antes de la Daniela, hubo otra. La polola del hombre que me dio mi primer beso. Yo estaba enamorada de él como sólo una quinceañera puede estarlo y ella probablemente lo sabía. Era rusa, lo que era una rareza para ese momento, en esa ciudad y en ese colegio. Con grandes ojos azules, pelo largo y rubio y un nombre fuerte como el vodka que tomábamos de a tapitas, parecía mucho mayor (era ilegalmente chica así que no diré más al respecto). No sé cómo, pero llegué a ser muy amiga de los dos. Me contaban por separado todo lo que hacían juntos, y yo sufría y gozaba en partes iguales. Un día ella me confesó, con lágrimas en los ojos y mucho gin en el cuerpo, que creía que yo a él le gustaba pero que lo entendía, y después me pidió que le diera un beso. Yo no me pude resistir. Hasta ese momento el único que me había besado había sido su pololo, y con ella fue mejor. Más parecido a como me había imaginado los besos, antes de que me los dieran. Y así fue como me di cuenta de que también me gustaba darle besos a las mujeres.

Cuando aún sólo éramos amigas, le conté esta historia a la Daniela. Ella se rió y me contó la suya. Tenía una especie de polola desde los 16. A medida que hablaba, a mí se me apretó el pecho y me dio pena, porque me di cuenta de que quería darle besos a la Daniela.

Y nos dimos besos, se la quité a su semi polola y fuimos muy felices hasta que un día mi mamá nos pilló encerradas en la pieza, y cuando nos demoramos en dejarla pasar (porque nos tuvimos que poner la ropa) entendió que no estábamos precisamente haciéndonos trenzas. Fue doloroso porque para mi mamá, para mis dos papás, la Daniela era mi mejor amiga, la que estaba siempre en nuestra casa, la que viajaba con nosotros. Era como familia y así la juzgaron. Como a un familiar que te traiciona. A mí también. Porque confirmé ser otra persona, distinta a lo que ellos pensaban y querían que yo fuese.

Durante tanto tiempo uno es lo que los papás hacen de ti. Te compran la ropa, te meten en un colegio, te enseñan hasta lo más básico como limpiarte el poto. Uno los observa mientras reaccionan, actúan y dicen, luego uno reacciona, actúa y dice como ellos. Y un día cualquiera algo pasa y cambias. Creces. Le das un beso a una niña y te preguntas de dónde salieron esas ganas. No fue algo que le viste a tus papás. Ya no estás actuando en base a lo que observaste en ellos. Ya no eres sólo lo que ellos hicieron de ti. Y si ya no eres —sólo— la hija de ellos, ¿ahora qué eres?

Es difícil no etiquetarse en un mundo que disfruta de poner nombres por la música que escuchas, la ropa que te pones o la comida que comes. *Foodie, nerd, trekkie, belieber, runner, millennial,* hombre, mujer. Creo que faltan muchas generaciones para realmente cortar todas esas etiquetas que nos pican en la piel. La mía claramente no lo logró, y aquí estoy declarando que todos deberíamos ser bisexuales. ¿Soy yo bisexual?

No sé qué soy. Ni siquiera estoy tan segura de ser mujer. Siento que es una suerte y una maldición vivir en una época en la que ni siquiera la biología define tu género. Tengo vagina, sí. Pero siempre tuve más testosterona de la que debía. Más pelos de lo normal. Una actitud que, se supone, yo no tenía que tener. Siempre me quedaron mejor los jeans de hombre y cuando me corté el pelo muy corto, me miré al espejo y sentí que por primera vez, por fin era yo. No uso aros y digo demasiados garabatos. Todo esto, en realidad, ¿me hace menos mujer? ¿Qué hace que uno se sienta mujer u hombre? ¿Qué me hace sentir cómoda con este cuerpo y esta identidad femenina, incluso, aunque muchas veces los odie? Me gusta preguntármelo y no encontrar una respuesta.

Me gustan los misterios y me gustan los crespos, y yo sólo sé que me enamoré de una Daniela. Que aunque ya no nos deseemos, nos seguimos amando. Que en ese momento era mi mejor amiga y que sigue siendo mi mejor amiga, y que la única diferencia es que ahora nos abrazamos con ropa y nos damos besos en la frente.

Que ahora no le toco el pelo si está su esposa al frente mío. Que conocerla y estar con ella alteró mi vida de una manera profunda y que nuestros genitales casi no tuvieron nada que ver en eso.

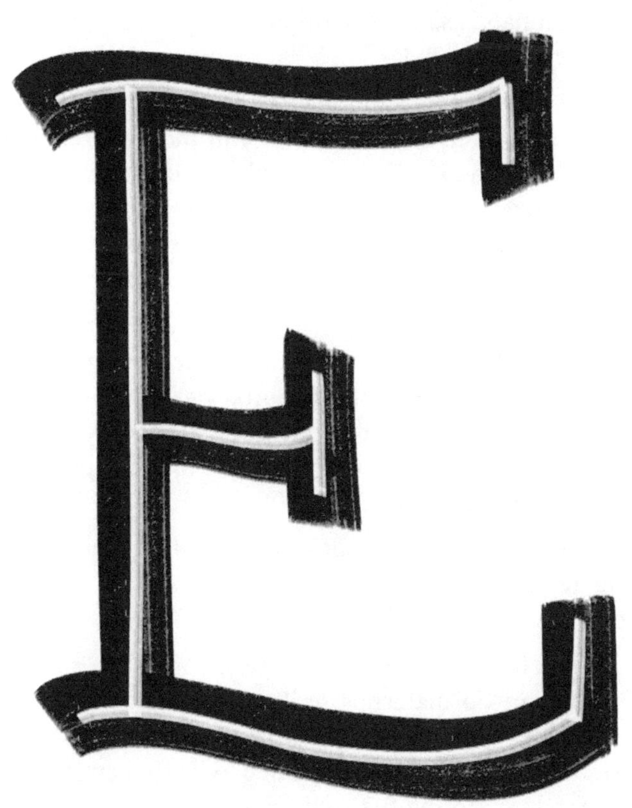

Yo nunca quise tener hijos. Yo no quería ser como mi mamá. Antes, ella y yo no teníamos tanto en común; no mucho más que el nombre que nos pusieron, Eleonora. A ella, porque a mi abuela le gustaba una actriz italiana que se llamaba así. A mí, porque a mi papá le gustaba el nombre de mi mamá.

Mi mamá no trabajaba, o mejor dicho, no era profesional. Aunque talentosa de mil maneras distintas, su cancha era la casa. Florecía en ella. Bordados, artesanías maravillosas, comida exquisita, tres hijos que se sacaban buenas notas y parecían destinados al éxito. Un ejemplo para muchos, no para mí. Yo siempre quise trabajar y tener un carrera.

Los primeros "grandes sueños" de los que tengo recuerdo fueron escribir un libro, viajar y vivir en el extranjero. Desde que entendí que tener hijos era una opción, decidí no tenerlos. Quería que todo me pasara en la vida, lo más rápido posible.

Y empecé a hacer un montón de cosas tontas. Y la relación con mi mamá se puso difícil. Y quedé embarazada.

Leopoldo, mi primer hijo, se llama así porque mi abuelo y mi tío maternos se llamaban así. A ellos todo el mundo los quería, y yo, sorpresivamente, quise a mi Leopoldo (III) desde que supe que lo llevaba en la guata. Sin embargo, no me fue fácil ser su mamá. O quizás no me fue fácil ser como yo pensaba que las mamás debían ser. Yo no bordo, no hago artesanías, no me gusta cocinar. Más bien, gozo estando sola. Y me costó aún más, cuando conocí a Cristóbal, amor de mi vida y papá de mi segundo hijo, Félix (por qué le pusimos así es otra historia y otra letra).

Me costó y aún me cuesta. Especialmente, los miércoles que Cristóbal tiene cierre en la revista en la que trabaja. Yo, que soy independiente, trabajo en la casa, en una pieza que es mitad escritorio, mitad bodega de juguetes. Intento cumplir con los pendientes y con los gritos; los llantos, las peleas, las preguntas; interminables y eternas preguntas de dos hombrecitos que se parecen mucho a mí. Los miércoles mi marido llega tarde y mi paciencia se acaba temprano. Y me pregunto, todas las semanas, cómo lo hizo mi mamá para prestarnos toda esa atención. Si acaso se arrepiente. Si le encuentra razón a todas esas mujeres que la han juzgado por haberse quedado en la casa. Si encuentra que yo tenía la razón cuando la juzgaba; cuando le decía que no quería ser como ella, y confundida, sentía que ser una feminista de verdad era elegir otro tipo de vida: trabajar, vivir sola, ser poderosa, independiente, exitosa, desprendida.

Ahora sé que ser feminista se trata de tener el poder de elegir, entre varias opciones, la vida que uno quiere construir. Y poder cambiar de opinión y elegir otra. Y otra. Y que el juicio del resto no te afecte. Ni siquiera el de tus hijos. El feminismo tiene que ver con la libertad. Y todos los miércoles recuerdo que soy libre de irme, pero elijo quedarme.

Nuestros días son rutinarios. Los de Félix, Leopoldo y yo. Todos los días escuchamos las mismas canciones, vemos los mismos videos. Todos los días a las cuatro de la tarde hago una mamadera. Todos los días intento trabajar y me frustro. Todos los días ordeno los mismos juguetes en las mismas cajas. Todos los días intento criarlos con la libertad como valor supremo. Sin embargo, todos los días les pongo límites para mantenerlos vivos y sanos. Y les enseño que no hay que molestar a los compañeros que son distintos. Que no hay cosas "de niño" y cosas "de niña". Que pueden llorar. Que no me interrumpan si estoy dibujando. Que lo que hago es importante para mí y que tienen toda mi atención cuando decido dárselas.

Y aprendo. Aprendí a cocinar cuando recordé que cuando más me sentía amada por mi mamá, era cuando ella cocinaba para mí. Aprendo oficios nuevos. Aprendo a tener paciencia. A que hay cosas que importan (una o dos, máximo) y otras que no (todo el resto). Aprendo a admirar y respetar a mi madre, cada vez más. Aprendo que uno florece o puede florecer, más de una vez, en distintos lugares y circunstancias.

Nunca quise tener hijos, pero ahora que los tengo, los quiero más que a todo. Nunca quise ser como mi mamá, pero siempre lo fui. Libres, las dos.

F

Estábamos asustados. Yo tenía una fiebre misteriosa y había que revisar si mi líquido amniótico era el culpable. La única manera de comprobarlo o descartarlo era metiendo una aguja larguísima en mi guata de veintiséis semanas de embarazo.

Justo antes del examen, me hicieron una ecografía. Ahí estaba, demasiado quieto, nuestro hijo. "¿Cómo se llama?", preguntó el doctor. No lo habíamos decidido aún, pero Cristóbal tomó mi mano y respondió, con tono seguro:

Yo siempre quise llamarlo así, pero antes de las contracciones que habían empezado demasiado pronto, aún no lo había convencido del todo.

Nunca bonita. Guapa. Eso es lo que más me dicen. Que soy guapa. Y no me ofende, no soy ciega. Sé que no soy bonita. Me gusta no ser bonita.

Bonita se siente como un diminutivo. Algo chiquitito. Una cosita linda que puedo guardar en mi cajita de cositas lindas y mirarla cuando quiera. Guapa se siente gigante. Guapa se siente valiente.

La verdad es que soy muy grande para ser bonita, y como si no fuera suficiente me pongo tacos para ser gigante. ¿Qué me dices, hombrecito? Desde acá arriba no te escucho. ¿Que lo mío no es ser bonita sino ser guapa? Oh, gracias hombrecito. Gracias por tu opinión sobre mi cara, gracias por la opinión que no te pedí.

H

Puede sonar raro, pero cuando quiero concentrarme trabajando escucho series sobre crímenes. Esas típicas de forenses, casos sin resolver y asesinos en serie. Me gustan especialmente las que se tratan sobre asesinos en serie porque me intrigan las personas que llevan las cosas al extremo.

He buscado información sobre varios asesinos en serie y resulta que hay algo que muchos de ellos tienen en común. A varios —¿la mayoría? ¿Me atrevo a decirlo?— sus madres los abandonaron, nunca los quisieron o eran pésimas mamás. Objetivamente hablando. No como yo que siento culpa hasta por comerme un chocolate sin convidarle a mis hijos. Estoy hablando de mujeres que, entre otras cosas, quemaban a sus hijos con sus cigarros.

Esos niños maltratados, no amados, abandonados o disciplinados hasta el abuso se convierten, eventualmente, en hombres sin empatía. Hombres que matan. Digo hombres porque en su mayoría, los asesinos en serie han sido hombres blancos, de mediana edad, que se van en volada matando. Se lo toman en serio. Algunos se ponen nombres como de súper villanos (El Zodiaco, El BTK por Bind, Torture, Kill, El Hijo de Sam, etc), orgullosos de ser malos. Y todo, en gran parte, por culpa de sus mamás.

Entonces ahora, cada vez que le grito a Leopoldo o ignoro un llanto de Félix, en mi cabeza resuena una voz que me dice: "no críes asesinos en serie". Curiosamente, esa voz se parece a la de mi mamá. Súper exagerada, lo sé, pero creo que es un buen ejemplo para ilustrar la responsabilidad de tener un hijo.

POR QUE
TENGO
hijos

SOY
PRO
aborto

Amo a mis hijos. No me he arrepentido nunca de tenerlos, no pienso que estaría más feliz sin ellos. Pienso que soy mejor ahora que los conozco. Amo haberlos tenido.

Pero es muy difícil. Y caro. Y para siempre. Es caro y difícil desde que empieza hasta que termina (NUNCA). Llevarlos en la guata es rarísimo, incómodo y hasta doloroso. Es riesgoso. El parto es una experiencia extrañísima. Ni hablar de la lactancia. En mi caso tener hijos ha sido como ir avanzando en un túnel con los ojos cerrados y que, cada cierto tiempo, alguien tira piezas de lego y autitos en el suelo, frente a ti. Y vas caminando a pata pelá, sola.

Pero uno sigue y yo sigo, porque sé que al final de ese túnel hay algo bello. O por lo menos, elijo creer que hay pura belleza. Y avanzo. Miedosa y adolorida, pero avanzo.

Hay mujeres que no quieren meterse a ese túnel y me parece fantástico. Para ellas tener hijos sería una oscuridad sin fin.

Y es difícil no encontrarles la razón, porque tener hijos no sólo es difícil sino que, aparte, se recibe muy poca ayuda. Del Estado, de la gente, de tus jefes, de la calle, de las micros, de los metros, de los colegios. En demasiados casos, es poca la ayuda que se recibe, incluso, de parte de los hombres que hicieron ese hijo contigo.

Las que más ayuda ofrecen son las madres y las abuelas. Porque saben lo difícil que es tener un hijo y mantenerlo sano, feliz, amado, educado, entretenido, motivado. Lo saben porque sus madres y abuelas lo sabían. En un linaje de mujeres que ha ido tanteando en la oscuridad, antes que uno.

Y que han sido juzgadas.

Cuando se trata de los hijos, todos opinan; por tenerlos y por cómo los estás criando cuando los tienes. Por no tenerlos. Por querer o por no querer tenerlos. Por abortar. Por querer abortar. Por querer poder abortar. Es irónico que los que más juzgan son los hombres que no pueden tener hijos. O las mujeres que tienen la plata suficiente para aceptar a todos los hijos que Dios les mande.

Entonces, ¿quieres tener un hijo? Bien. Bienvenida al túnel. ¿No quieres tener un hijo? Bien. Cuídate, eso sí. ¿Te cuidas pero quedaste embarazada y aún así no quieres tener un hijo? BIEN TAMBIÉN. Nadie debería traer una persona al mundo para que se convierta en un castigo por haber cometido un error. No queremos más asesinos en serie, violadores, golpeadores, gente sin empatía.

La única razón válida para tener hijos, y la única motivación para que (ojalá) sean individuos felices y sanos, es haberlos deseado mucho. Ser madre es lo suficientemente difícil cuando eres tú la que decidió tenerlos. Cuando no lo quisiste y lo tuviste sólo por obligación o culpa, la oscuridad debe ser insoportable. Y lamentablemente, hay muchos niños y adultos que cargan con las consecuencias de infancias y vidas tristes. De haber crecido en la oscuridad sin fin.

Amo a mis hijos. Y como los amo a ellos, amo mi libertad. La libertad que tuve de tenerlos y de decidir que no quiero tener más.

I want
so badly to
believe that
there is truth
that love is
* real *

Quiero tanto creer que sí existe la verdad, que el amor es real. Y quiero la vida en cada palabra hasta el punto que es absurdo.

& I want
life in every
word *
to The extent
*
that it's
absurd.

Esta frase de esta canción, básicamente, resume mi experiencia siendo humana en este mundo.

Clark Gable, de **The Postal Service.**

J

CUANDO JUGAMOS A LA ESCONDIDA
con Félix, que tiene 3 años
no me escondo, realmente
y él me encuentra muy fácil
pero hay veces, hay días
en los que me meto en closets
o me meto abajo de camas
y él me busca, y no me encuentra
y pasan cinco minutos y me llama
cada vez más fuerte y
su voz cambia, de juego a duda
y yo no salgo, hasta que llora
sólo para ver su cara
cuando se da cuenta de que no lo abandoné.

Compartir un jugo

Todos los días vamos con Félix a buscar a Leopoldo al colegio. Todos los días en Plaza Italia hay un caballero que vende los jugos de carrito más ricos de todo Santiago. Siempre cuando venimos de vuelta compro un jugo de frutos rojos que nos vamos tomando los tres, por turnos. O más bien que yo y Leopoldo nos tomamos por turnos, mientras Félix grita para que se lo demos todo. Cuando se termina, le paso el vaso y eso lo deja feliz hasta que llegamos a la casa.

Un día veníamos de vuelta y le pagué al caballero con un billete muy grande. No tenía vuelto. "Páguemelo mañana", me dijo. Yo dudé. Él insistió: "¿Cómo se van a quedar con las ganas?" "Mañana le compro dos", le dije.

Al otro día le pagué, pero le quedaban sólo dos jugos y ninguno de ellos era de frutos rojos. "Hoy día se me fueron todos muy rápido", se excusó. "Se lo merece", le dije. Caminamos sin jugo a la casa, con Félix reclamando.

kilos
culiaos

K

Hay una enemiga dentro mío. Una oscuridad. Una enfermedad. Trato de mantenerla a raya, pero a veces me grita. Me pega. Es violenta, irracional. Me odia. La siento en los pantalones que me aprietan, cada vez más. La veo en las fotos que me sacan otras personas, porque en las que me saco yo misma ya sé qué poses usar. La escucho decirle a mi marido que no; que no meta su mano bajo mi pijama. Que no me toque la guata, que apague la luz si quiere que hagamos el amor. La saboreo en las comidas que sé que no debería estar comiendo.

Mi enemiga se pone frente a mí, cuando me veo al espejo. Me dice que no es suficiente, que nunca es suficiente. Me compara, no sólo con otras mujeres, sino conmigo misma. Ve las fotos de antes y me reprocha no ser así ahora. No entiende que antes yo no había tenido hijos, no le importa que antes lo pasaba mal. A mi enemiga no le importa ser feliz, ser inteligente, tener una familia, tener amigos, tener un talento. A ella sólo le importa la pera chueca, los muslos demasiado gruesos, la piel llena de estrías.

Vivimos en armonía cuando le hago caso. Cuando me convence de que nos conviene bajar de peso. Que es un tema de salud y de control. Sabe que me gusta estar en control y me escribió un discurso, para toda esa gente que pregunta por qué quiero bajar de peso (porque todos preguntan, siempre quieren saber) y el discurso dice así:

Y empiezan a aparecer los ángulos donde antes había redondeces. Y empiezan a aparecer los comentarios de las otras mujeres. Qué linda. Qué regia. Qué bien te ves. Y ella me acaricia la espalda, me felicita. Me dice que nos vemos jóvenes, que estamos vigentes aún. Que nos envidian, me asegura. Decir que no cuando me ofrecen un dulce, dejar comida en el plato, inventar panoramas que no sean comidas. Pequeñas victorias, pequeños orgullos.

Pero a mí me gustan los dulces y lo paso bien comiendo.

Y por sobre todas las cosas, creo que la vida puede acabarse en cualquier momento y que hay que pasarlo bien mientras estemos acá. Comer todas las papas fritas que te ofrezcan. No quedarse con las ganas. Creo en entregarse a los placeres y lidiar con las oscuridades después. Aunque uno no sepa cómo enfrentarse a ellas.

Sé cómo bajar de peso, sé cómo verme más "bonita". Me lo ha dicho la tele, me lo han dicho las revistas. Me lo ha dicho mi mamá. Me lo dijeron mis compañeras de colegio. Sé cómo lograr eso que mi enemiga anhela. Sé que debo comer menos. Perdón, comer mejor. Ejercitarme. Ponerme aritos. Vestirme según la forma de mi cuerpo.

Pera, triángulo invertido o reloj de arena. Conozco las tácticas de esta guerra contra mí misma, que es en verdad una guerra contra todas nosotras.

Lo que no sé es cómo aceptarme. Cómo quererme. Nadie me enseñó, nadie lo consideró importante. Con la pera chueca y los pantalones apretados. No sé cómo no aceptar la violencia. O convertirla en algo productivo. No sé cómo dejar de medir la distancia entre mis muslos en cada ducha que me doy, agachándome y mirando al revés, con el agua cayendo en mi nariz. No sé cómo dejar de levantarme pensando que este día sí voy a comer poco, y acostarme con culpa porque no lo cumplí. Sé que lo anhelo, sé que quiero ser libre. Amar este cuerpo que tanta vida ha generado.

Agarrar a mi enemiga del cuello y matarla, mirándola a la cara. A su cara que es la mía, tan odiada. Tan asimétrica.

L

LOS VEO EN LA CALLE
besándose y abrazándose
y no puedo entenderlo
ellos no son tú, ellas no son yo
¿cómo pueden sentir lo mismo?

La magia, el amor, la experiencia de vivir, el misterio de la belleza. Todo se encierra en ti. Todo lo que no tiene nombre, todo lo que no tiene imagen. Lo llamo Leopoldo y tiene tu cara.

**nada malo va a pasar
mientras el mar siga ahí**

Crecí con el mar de fondo. Tantas veces tuve que hacer el camino costero entre Reñaca y Viña en esas micros que se sienten como ataúdes con ruedas. Pero a mí me gustaba. Siempre fui muy consciente de que estar en un taco y poder mirar por la ventana hacia un sin-límite era un privilegio. Un regalo.

Acá en Santiago uno anda en micro, mira hacia afuera y ve edificio tras edificio. O bien miras hacia adentro y ves potos, guatas y carteras. Andas en metro debajo de la tierra. Siempre hay alguien muy cerca tuyo. Siempre hay edificios gigantes que te gotean encima; una cordillera que te acorrala, por muy hermosa que sea. No hay apertura. No hay aire para respirar.

Para mí el mar representa todo lo lindo sobre estar vivo. El eterno fluir, la vastedad, el riesgo, lo desconocido. En el mar estamos unidos a la Tierra de una manera completa. Sumergidos en el lugar donde vivimos. Flotamos. Somos libres en nuestra ignorancia. En específico, amo el mar de Viña, frío hasta el dolor. Con huesos y oídos que reclaman, amo meterme al mar en Viña, incluso cuando aún no es temporada. Amo llegar a Viña por Agua Santa y ver el mar aparecer, infinito. Me dan ganas de llorar cada vez.

Creo fielmente que la manera en la que alguien se relaciona con el mar es la manera en la que vive. Con arrojo, o no. Con curiosidad, o no.

Una tarde de vacaciones me puse a mirar cómo la gente se bañaba en el mar. Parecían haber tres líneas de resistencia ante la ola que viene y viene, y nunca va a no venir. En la vanguardia habían casi puros hombres jóvenes que se lanzaban bajo las olas más grandes. Los valientes. Me pregunté si de vuelta en sus casas, allá en la ciudad, cuando el verano se acaba, vivirán sus vidas con la misma valentía. O si ésta era la instancia en la que más vivos estaban. Me dio pena no encontrar ninguna mujer entre ellos.

Luego había una segunda línea de los que recibían la ola más mansa pero que igual se sumergían. El agua les llegaba hasta la cintura. Ahí había más mujeres conversando, tomadas de la mano, sujetándose los trajes de baño.

Y luego, en la orilla, los niños y los mayores que sólo se mojan por partes. Los más cuidadosos. Los más temerosos. Las señoras que se sientan y dejan que la espuma las refresque en tandas.

Luego están los que no se mojan ni los pies, pero de tanto no entenderlos, prefiero ni mencionarlos. ¿Por qué están en la playa? ¿Qué están haciendo —o dejando de hacer— con sus vidas?

Miré a mi hijo Leopoldo bañándose en la orilla. Tenía 8 años y, como a mí, desde siempre le ha gustado el agua. Lo vi mirando hacia las olas, jugando con más niños. Lleno de arena y sol. Me paré, fui hacia él y lo tomé de las manos. De inmediato entendió que mi intención era llevarlo más adentro. Me miró con ojos entusiastas y, al mismo tiempo, temerosos.

Hay momentos en la maternidad en los que uno tiene plena consciencia de estar haciendo algo que va a marcar a tu hijo. Uno piensa que van a ser muchos, porque cuando te presentan la maternidad (en el cine, la publicidad, en las historias de los otros) sólo se habla de esos momentos; esos grandes momentos. La verdad, la triste realidad, es que son muy pocos. Uno casi nunca está consciente de lo que va a marcar a tu hijo. La mayoría del tiempo, las cosas que él recordará sobre su infancia son fruto de un azar aterrador. Por eso, y en casi todo momento, hay que ser cuidadoso con lo que se dice y lo que se hace.

Esa vez, yo supe leer la escena. Supe sentirlo en sus manitos que se aferraban a mis brazos. Lo llevé más adentro y nos bañamos en la segunda línea. Al principio no me soltaba y nos hundíamos sincronizados. ¡Leopoldo, tápate la nariz!, y nos metíamos debajo del agua. ¡Mamá, esa fue muy grande! Y yo lo felicitaba. Las olas no estaban fuertes, y si lo estaban, nosotros lo éramos más. Él se reía de felicidad y nervio, yo le contaba 1, 2, 3 y nos quedábamos con la cabeza bajo el agua por más tiempo. En una ola, se soltó de mi abrazo y sólo me tomó la mano. Se la apreté fuerte y seguimos. Cuando los dos estuvimos seguros de que eran olas que podía controlar, se soltó. Nos bañamos un rato así, los dos separados. Ése era mi hijo, yo era su mamá, y estábamos en el mar, aprendiendo sobre nosotros mismos y sintiendo la sal en los ojos. Hasta que nos cansamos y él volvió a la orilla y yo volví a la arena a mirarlo desde lejos.

Nunca había estado tan orgullosa. De él por ser un capeador de olas y de mí por haberlo sabido.

N

El juego "yo nunca nunca" es mi favorito porque combina alcohol con la verdad y de esa combinación siempre salen propuestas. Y yo nunca nunca dije que no a algo que quería hacer. Nunca nunca le dije que no a alguien que me gustara y quisiera hacer algo conmigo. Para mí el que gana el juego no es el que no toma. Es el que ha hecho tantas cosas que toma en cada ronda. Aunque termine vomitando, enfermo. Intoxicado de experiencias.

Las letras son lo más nuestro que tenemos. La mejor invención del ser humano. La tecnología más perfecta. Tan propias son que a sus partes les pusimos el nombre de nuestras partes. La panza de la a, la pierna de la R, el hombro de la n. Las letras son organismos y nosotros las parimos.

De todas estas letras, la más nuestra (para los que hablamos español) es la ñ. Y en estricto rigor, desde el punto de vista tipográfico, la ñ es sólo una n con tilde. Una n con *virgulilla* (palabra hermosa). Pero para nosotros representa un idioma completo, una cultura.

Un equipo de profesores de Tipografía del diplomado al que asistí diseñó una fuente para la Biblioteca Nacional que se llama, justamente, *Biblioteca*. Y su glifo más hermoso es la ñ, cuya particularidad es que la virgulilla va unida al cuerpo de la letra. Unida como nosotros mismos a nuestro idioma.

Hicieron una exposición en la Biblioteca con el proceso de la tipografía, y ahí estaba esa ñ. Al final de un pabellón, azul y grande, una letra corpórea, palpable. Mucha gente llegaba hasta ahí y se tomaba fotos con esta hermosa ñ gigante. Sonrientes, como si se encontraran con una vieja amiga. Yo los miraba, asombrada. Esa gente, en su mayoría, no sabía ni de Tipografía, ni de legibilidad, ni que esa colita se llama virgulilla. Pero al reconocer algo bello, algo propio, se sacaban fotos. Tocando y abrazando una ñ.

¿Cómo no amar las letras? ¿Cómo no apasionarse con ellas, si resumen la experiencia humana de la manera más bella y precisa? En un dibujo, en un glifo, en un movimiento de lápiz en papel. La letra y en ella toda la potencia del intelecto.

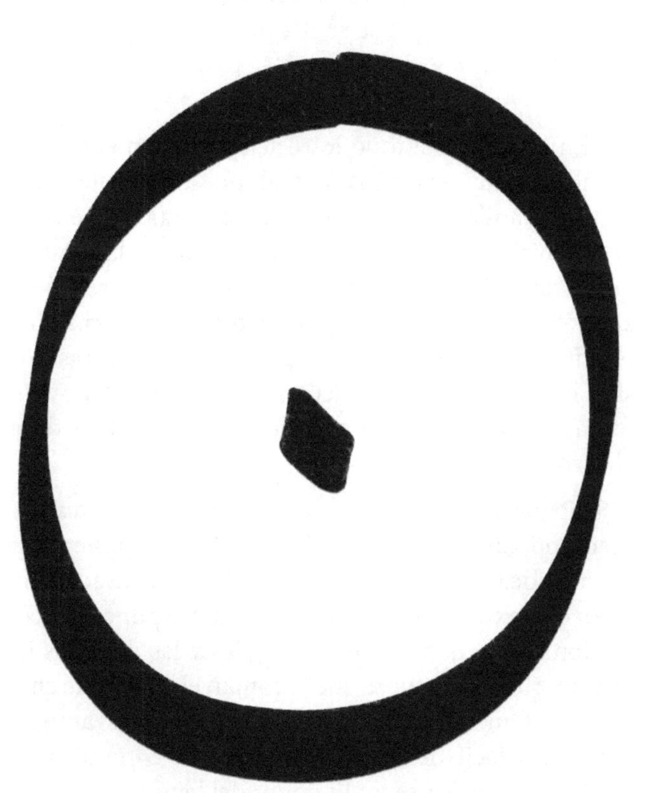

La primera vez que tuve un orgasmo era muy chica para saber lo que esa palabra significaba. Cuando lo supe; cuando supe que había una palabra para ese sentimiento que me llevaba a frotarme contra los cojines, para esa cosquilla intensa que se sentía por dentro, para ese calor en las mejillas y en las orejas, pensé que estaba mal puesta.

En general casi todo lo relacionado con el sexo tiene nombres muy extraños y mal puestos. Pene, vagina, clítoris, glande, escroto, orgasmo. Palabras que se ven feas al escribirlas, se escuchan feo al pronunciarlas. Pareciera que la tarea de nombrar todo lo que estuviera relacionado al sexo le fue confiada a pura gente que nunca lo había tenido y que tampoco iba a tenerlo. Monjas, curas. Como si se hubieran puesto de acuerdo para que hablar de sexo fuera lo más incómodo posible. Más aún hablar durante el sexo.

No hay cómo decir "lámeme el clítoris" sin que suene incómodo. No hay manera de decir "quiero poner tu pene en mi boca" que no suene ridícula. Pero usadas en un buen contexto —y con la calentura que te pone bruta ciega sordomuda— nos hacemos los giles y las decimos igual, porque quién no quiere que le coman el choro o le chupen el pico. Quizás si los nombres fueran más amigables, sería más fácil decirlos, más fluida la comunicación y tendríamos mejor sexo. El poder del lenguaje.

Tres recuerdos:

1. Era una noche fría de carrete de curso con quedada a dormir. I y yo estábamos en el patio, sentados en el borde de una piscina sin agua. I estiró la mano y me agarró la pechuga derecha de la manera más perfecta posible, sin decirme nada. Sólo sonriendo. Me la apretó, no muy fuerte, tampoco muy suave. Su mano tenía la temperatura adecuada y se movió segura. Me preguntó si me gustaba. Tenía 15 años y nunca había sentido algo así. Estaba mareada, no por el sorbo de cerveza que tomé.

Más adelante esa misma noche, I me dio mi primer beso. Yo aún tenía frenillos en los dientes de abajo. El beso no fue, ni de cerca, mejor que ese primer agarrón y esa pregunta. Fue la primera vez que alguien me preguntó si me gustaba cómo me estaba tocando.

2. Estábamos en su cama, donde nunca imaginé estar. Fuimos compañeros durante un año y no hablamos más de dos veces. Él era el niño más bonito del curso y pololeaba con una niña igual de bonita. Yo era nueva y matea y también pololeaba. Nos reencontramos un año después de graduarnos, y cada vez que nos veíamos, hacíamos cosas. Ese día, nuestros amigos nos esperaban abajo en el living y N metió su mano abajo de mi pantalón. Sus movimientos, la sorpresa de estar ahí con él haciendo eso y el hecho de tener que estar callados fue suficiente. Justo cuando iba a acabar N me dijo algo —con su cara pegada a la mía, labios abiertos en mi oreja, su

voz apenas se distinguía de un gemido, con un tono que, probablemente, nunca voy a olvidar y que me hizo acabar intensamente— y ese algo me marcó tanto que ha sido durante años la contraseña para muchas de mis cuentas más importantes.

3. Una vez, mientras teníamos sexo y estando arriba mío, mi marido me miró y me dijo: "te ves tan linda cuando te culeo", y creo que es lo más hermoso que me han dicho en mi vida.

He tenido sexo con varias personas. Más de quince, menos de veinte. De todos me acuerdo el nombre, creo. Han habido dos extranjeros, uno de ellos impotente, el otro, uno de los mejores. Una mujer. Un mejor amigo de mi hermano. Uno con el que hicimos de todo menos coito tal cual y no sé si eso cuenta. Un profesor. Dos vírgenes. Tres amigos. En casi todos los casos la fantasía ha sido mejor que la realidad. Me atrevería a decir que cuento con los dedos de una mano los casos exitosos (entiéndase: gente que ha logrado hacerme acabar).

He tenido dos accidentes muy vergonzosos con condones (para que sepan: si van a tirar condones por el wáter hay que llenarlos como una bombita de agua sino no se van). Me he cuidado casi siempre. De esas veces no protegidas salieron dos hijos, los dos, fruto de sexo con mucho amor. He tenido orgasmos compartidos en los que con mi marido nos hemos mirado después de terminar, y hemos entendido que lo que acaba de pasar es algo trascendental, y que es obvio que el único resultado posible es un hijo. Que tiene lógica sentirse tan radicalmente vivo durante el proceso de generar otra vida.

Es la única manera en la que entiendo el piropo: "te daría un hijo". No sé si se refiere tanto al resultado, si no más bien al proceso. Pero, "te culearía tanto y tan bien, que la única posible consecuencia de tanto sexo increíble, sería la continuación de la especie", quizás es muy largo.

P

Mi segundo hijo, Félix, nació prematuro. Muy prematuro.

Estos son textos que escribí cuando él nació. Me es imposible no incluirlos, me es imposible editarlos. Sólo los pongo acá como una insignia en mi solapa.

Hace una semana

Cuando pasa algo que te cambia la vida uno siempre empieza a pensar: "Hace una semana yo estaba…" o "hace cuatro meses yo iba a…" Comparando la situación actual con la situación pasada. Es un ejercicio cruel, cuando lo que te pasó es triste. Pero uno lo hace igual.

Hace una semana yo estaba embarazada y enferma. Después de tres días horribles de fiebre y contracciones, supe que lo que tenía era Listeria, una enfermedad muy grave para las embarazadas y sus hijos. Una enfermedad muy rara que no le da a casi nadie, pero que me dio a mí, por algo que comí; algo infectado que comí y que quizás nunca sepa qué fue. Puede haber sido cualquier cosa, dijo el doctor, lo que sonó como la confirmación clara de que la vida es puro azar y que a veces, te toca sufrir.

Hace veintisiete semanas empezó mi embarazo. Hace siete semanas nos enteramos de que era un niño. Hace una semana, entremedio de exámenes y miedo, lo llamamos Félix como yo siempre quise. Hace una semana empezó un trabajo de parto imparable que me confirmó la certeza de que el cuerpo es más sabio que la mente. Un trabajo de parto demasiado prematuro que sacó a mi hijo infectado de mi cuerpo infectado para ver si nos iba mejor separados. Hace una semana empujé a mi hijo Félix hacia el azar de la vida como quien besa los dados antes de lanzarlos. Pero yo no pude besarlo. Aún no puedo.

Es muy pequeño y muy frágil. Y la infección muy grande y poderosa. Y cada día que pasa es una mezcla de progresos y problemas.

Hace una semana entendí que vivir es un riesgo, y que tener hijos y amarlos —la manifestación máxima de vivir y seguir viviendo más allá de la muerte propia— es el mayor riesgo de todos. Que en cualquier momento de sus vidas algo puede salir mal, y que uno se somete a la posibilidad de ese dolor infinito, por amor. Por puro amor.

Hace una semana que siento amor y dolor en igual cantidad. Y aunque trato de entender por qué nos pasó algo así, sé que probablemente nunca lo lograré, y ahora, escribiendo esto, siento que lo importante no es entender por qué, sino para qué. Y así es cómo espero descubrirlo: escribiendo, registrando, tomando fotos, haciendo lo que sé hacer. Pensé mucho en si debía compartir este momento, escribirlo, retratarlo, y creo que no hacerlo sería tener lástima, o peor aún, vergüenza de mí misma y de mi hijo. El futuro es incierto pero estamos vivos. Mi Félix nació, hace casi una semana, el Jueves 29 de Mayo a las 11:57 AM. Es Géminis y tiene los rulos de su papá y la pera de su mamá.

Y aunque el futuro sea incierto y tenga más miedo que fuerzas, hace dos meses le escribí a Félix en mi bitácora de embarazo:

Quiero que sepas que las mejores cosas en la vida son las que dan más miedo. Casarme con tu papá, venirme a vivir a Santiago, renunciar a mi trabajo para quedarme en la casa cuidándote a ti y a tu hermano. Subirse a una montaña rusa. Dar un primer beso. Siempre he pensado eso y me gustaría enseñárselo a mis hijos: el miedo no siempre es una mala señal. A veces es señal de que algo vale la pena.

Hace treinta años nací. Hace seis, tuve a Leopoldo. Hace cuatro conocí a Cristóbal. Hace siete meses nos casamos. Hace seis meses y medio me embaracé. Hace una semana nació Félix. Estas son mis cartas. Y sólo me queda esperar que en un tiempo futuro, cuando compare, mirando hacia atrás, vea que la vida jugó a mi favor, y que todo esto valió la pena.

Los días malos

Los días malos no son necesariamente fríos, pero cuando lo son, parecieran ser peores. ¿Cómo está tu salud mental?, me preguntó hoy el doctor. Y lo único que pude responderle fue que hay días y días. Hay días en los que tengo mucha esperanza y en los que siento que lo que me tocó es lo que me tocó, y sólo cosas buenas pueden salir de lo que nos toca sin haberlo elegido. Hay días en los que me dejan tomar a mi Félix en brazos y días en los que Leopoldo me da dos besos en la mejilla, en vez de uno, cuando se va al colegio en la mañana. Hay días en los que con Cristóbal aún parecemos una pareja que se ve sólo los fines de semana, con la misma urgencia y entusiasmo de abrazarnos. Hay días, incluso, en los que encuentro que las ojeras debajo de mis ojos me dan un look interesante.

Y hay días como hoy.

Hoy fui al doctor que me vio durante el embarazo en la clínica donde se suponía que, en dos meses más, iba a tener a mi hijo. Esta vez fui con la guata plana y sin guagua, a hacerle todas las preguntas que me quedaban sin responder. Hoy me reencontré con esa sala de espera donde parecía haber tres millones de embarazadas saludables, felices.

Ya me había tocado ir al servicio de urgencia de esa misma clínica, el lugar donde empezó todo esto que quizás cuándo termine. Sólo sentir el olor del detergente que usan para limpiar los pisos me hizo llorar desconsolada. Ese llanto que parece arrancarse de donde uno lo ha estado escondiendo. Pero no había vuelto a esa sala donde todas esperábamos juntas. La última vez que estuve ahí fue cuando supimos que mi hijo era niño, y vimos cómo se movía y crecía dentro de mí. La última vez que estuve ahí, yo no estaba sola.

Ése, fue un día bueno. Éste, uno malo.

En los días malos, los buenos deseos o noticias no tienen nada de buenos, simplemente no los escucho. En un día malo miro a las embarazadas, o a las nuevas madres con sus nuevos hijos, y las odio. Porque no saben lo afortunadas que son, y si lo saben, me lo refriegan en la cara. En un día malo toda la gente que me rodea, ciertamente nació y creció, mientras que mi hijo pequeño es pura posibilidad y ninguna certeza. En los días malos necesito más —tanto más— chocolate del que debería comer.

En un día malo no soy capaz de encontrar mi propia fortuna. Y olvido a ese bebé que, hace unas semanas, murió en ese mismo lugar donde mi hijo vive. Sólo recuerdo a esas cuatro o cinco guaguas que han compartido pieza con la mía y se han ido a sus casas, a sus vidas. Olvido a esas madres que sufren con sus hijos infinitamente más enfermos que el mío. Olvido a esas madres que no pueden serlo porque no logran concebir. Olvido todas las injusticias del mundo y sólo pienso en la injusticia que hizo que me comiera algo que no debí comerme. Y vuelve la rabia y la pena y la frustración y el por qué, por qué, por qué.

En un día malo todo es cables gigantes en un cuerpo pequeño, sonidos de alarma en monitores, olor a desinfectante de manos, lágrimas, camas deshechas, plata que no se tiene, familiares que están muy lejos, tiempo que se escapa y ganas que no existen. En un mal día la leche que sale de mi cuerpo (y que es lo único que me confirma que sí, soy mamá de nuevo) parece no ser suficiente, y sin embargo, se acumula y se acumula en un congelador lleno, donde espera cumplir su misión. En un día malo se escucha una sola canción triste, que se repite y se repite. Hoy es un día malo, y hace tanto, pero tanto frío.

Leche

Me saco leche en el baño.

Con gente que toca la puerta y se impacienta y yo sólo digo: "ocupado" porque no le debo explicaciones a nadie. Ya es suficientemente triste sacarme leche en un baño como para que más encima me estén apurando. Hay unas moscas pequeñas. No sé de dónde vienen. No me molestan, están siempre ahí, junto al sonido de succión del sacaleche. Pump, pump, pump. Mi mano se acalambra.

Una vez se me cayó la leche al suelo. No toda, pero sí mucha. Lloré y pensé en ese dicho "no hay que llorar sobre la leche derramada". Claramente la persona que inventó ese dicho nunca tuvo un bebé hospitalizado.

Me saco leche en mi cama.

Mientras leo o veo tele. Si sale poca, huelo la ropa sucia que traemos desde la clínica todos los días. Veo videos de su cara en mi celular. Y ahí sale un poco más. Por un momento me veo desde afuera. Conectada a una máquina que tira de mis pezones para sacar la leche que mi cuerpo prepara para un hijo que no está ahí; oliendo su ropa, viendo sus videos. No está ahí y no hay nada más triste.

No hay nada más triste que una mamá que se pregunta si realmente es mamá, aunque su hijo no esté con ella.

HOY EN LA MAÑANA

Él preparó nuestros almuerzos para llevar
quedaban tres salchichas
puso dos en mi pote y una en el suyo
(porque me quiere)
yo corté una de mis salchichas por la mitad
y puse esa mitad más en su pote
(porque lo quiero).

R

En un baúl que tengo en mi pieza lleno de agendas y diarios, está toda mi vida. Lo que pienso sobre lo que me ha ido pasando a la lo largo de los años. Lo que he querido que me suceda; las fantasías sobre lo que nunca me va a pasar. Cristóbal siempre bromea con que soy cachurera y debería deshacerme de todo ese papel. Yo le digo que en un incendio, ésta sería una de las primeras cosas que salvaría. Que en ese baúl estoy yo. Que aunque me queme en el incendio, tiraría el baúl para afuera y que se sepa que estuve muy viva y que hay un montón de papel escrito para demostrarlo.

Hoy me puse a escarbar en ese baúl. Entre esos diarios que llené desde los diez hasta los veintitantos años. Desde los reclamos por la mejor amiga que me abandonaba por otra amiga; hasta la incertidumbre de estar esperando mi primer hijo. Desde la frustración de ser niña y no poder hacerlo todo, hasta la frustración de ser adulta, y sentir que ya era muy tarde para hacerlo todo. Pero más que nada, desde ese niño de cuarto medio que miraba en los recreos, cuando iba en séptimo básico (soy una admiradora del amor imposible), hasta el comienzo de mi relación con Cristóbal (el que se sintió más imposible de todos y, sin embargo, aquí estamos).

Todas las personas entremedio que significaron lo suficiente para ser registrados. Sería fácil descartar la mayoría de lo escrito como desvaríos de una niña que veía demasiadas series como *Felicity* o *Dawson's Creek*, pero al final, me queda la impresión de que me he pasado toda la vida amando. O anhelando ser amada. Y a todos los que amé, los amé mucho.

Sentada en el suelo de la casa donde vivo con mi marido y mis hijos, con la certeza de que hoy amo de la forma más real para mí, leí a esa yo de 15, 18 ó 21 años. Y agradecí haber escrito. Haber dejado registro. No permitirme olvidar, no arrepentirme de nada.

Cuando leí *Éramos unos niños* de Patti Smith, lo terminé en la micro y me puse a llorar en público. Lloré por lo feliz que me sentí de haberlo leído y por lo infeliz de que se hubiera acabado; porque cuando un libro conmueve, qué tristeza da despedirse de él. Lloré con sollozos, especialmente con una sección del final en la que Smith cuenta cómo y cuándo Robert Mapplethorpe (su amigo, alma gemela, muso y amante) le tomó esa foto; la famosa foto que adorna la tapa del disco *Horses*.

Ahí, ella explica con detalle el día que pasaron juntos antes de tomar esas fotos. Y cuando termina dice:

Ese día sacó doce fotografías. Unos días después me enseñó la hoja de contactos. 'Ésta es la que tiene la magia', dijo. Cuando ahora la miro, no me veo nunca a mí. Nos veo a los dos.

¿Cómo no llorar? Este pasaje se sintió como un combo en el pecho porque resume todo lo que siento sobre las fotos, la vida, el amor, la escritura. Lo que siento por ese baúl lleno de papeles que cuentan cómo se ha sentido vivir mi vida. Por esos miles de GB en mis discos duros con fotos de lo que he visto. Y por mí. Y por todo.

Porque me recordó algo que siempre le digo a Cristóbal cuando interrumpo los paseos familiares para sacar fotos y él se enoja, o cuando de repente lo miro con una luz distinta y se incomoda porque le saco fotos a su cara: Que me gusta tomarle fotos, sí, porque en mis fotos está él, sí, y él es bello, mucho. Pero también ahí en la foto estoy yo, viéndolo. En esas fotos está lo que siento por él. Lo que siento cuando lo miro y la luz le llega de una manera nueva y me parece que es lo único en el mundo digno de recordar. Que aunque se enoje porque piensa que mi baúl de papeles ocupa mucho espacio, es ahí donde puse todas las partes memorables de miles de días que desaparecieron demasiado rápido, antes de que supiera tomar fotos.

Recomiendo el libro. Recomiendo leer y llorar en público. Enamorarse y tomarle fotos al enamorado. Escribir las cosas más cotidianas porque la verdad nos habla a través de ellas. Anotar lo que dicen los hijos y nos da risa. Dibujar sus caras. Marcar sus alturas en puertas. Dibujar el contorno de sus manos con un lápiz (siempre les da cosquilla cuando uno pasa entre los dedos).

Recomiendo el registro, como una manera de vivir para siempre.

so
brown eyes
I hold you near
'cause you're the
only song
I want to hear

Ojos cafés, te abrazo cerca, porque eres la única canción que quiero oír. Una melodía avanzando suavemente a través de mi atmósfera.

¿Te cachai alguien te dijera algo así?

Soul meets body, de Death Cab for Cutie

S

Si usted quiere saber si alguien es bueno para culear, invítelo a comer un sandwich. Si se lo come con tenedor y cuchillo, reconsidere. Se sabe que para comer un sandwich y para tener sexo, hay que estar dispuesto a ir con todo, meter las manos, sin miedo a chorrearse.

Me gusta estar en mis treintas. Me siento en mi mejor momento. Más segura, más clara, más permisiva con mi cuerpo. Este último tiempo he tenido conversaciones importantes y entretenidas al respecto.

La primera, no sé si tenía tanto que ver con la edad, pero sí con el hecho de tener 33 y dos hijos. Cuando chica, vivía preocupada de cuál iba a ser esa "gran cosa" que iba a hacer con mi vida. Cuál iba a ser mi legado, cuál era "La Razón" por la que yo había llegado a este mundo. Me estresaba y me ponía ansiosa pensando en lo rápido que pasaba el tiempo. De repente ya no era adolescente, y de pronto, se me acababan los 20, y aún no había hecho algo digno de ser recordado después de mi muerte. Leía sobre autores publicados a los 17, pintores prodigios a los 20, y me sentía prematuramente vieja. Irrelevante. Presionada. Quería ser recordada. No sé si famosa, pero importante. Trascendente. Y cualquier cosa menos que eso me parecía aspirar a poco. Quería hacerlo todo y quería hacerlo rápido.

Crecí, menos mal, y ahora ya no siento eso. Sé que son muy pocas las personas que logran superar los límites de su propia vida, en el espacio y tiempo. Sé que son menos aún las personas que se acuerdan de esos genios trascendentales. Nadie sabe quién inventó el confort, por ejemplo (Joseph Gayetty, por si alguna vez alguien les pregunta). No me gustaría que sonara a resignación, ni que se confundiera con una aspiración de menor categoría, pero me basta con que mis dos hijos me recuerden. Lo que hago, lo que digo, lo que les respondo cuando me hacen preguntas. Que me incorporen en sus vidas, en sus decisiones, que se acuerden de mí cantando cuando tengan 50 años y escuchen una canción en la radio. Que en el futuro vean las fotos que tomé, lean todo lo que escribí y lo usen como quieran.

Que ojalá se lo muestren a sus hijos, mis nietos. Que conozcan la persona que fui y que puedan sentir que los amé y que los seguiré amando desde donde esté. Ésa es suficiente trascendencia para mí.

Más que eso, es bonus.

La segunda conversación fue sobre el ahora. Y sobre que este ahora es el más ahora posible. Cuando uno es chico se pasa todo el tiempo queriendo ser más grande. Quieres ver películas que todavía no puedes, entrar a lugares donde aún no puedes entrar, decir palabras que te meterían en problemas. Vivir solo, no dar explicaciones. El énfasis está puesto en todas esas cosas fantásticas que aún no te pasan.

Y es probable que cuando seamos viejos, miremos todo el tiempo para atrás, pensando en nuestros años dorados, cuando teníamos la energía para empezar proyectos y aún no sabíamos nada sobre nosotros mismos. La ignorancia es una bendición y yo cada día soy menos ignorante.

Éste es el presente más presente. Y me gusta. Me gusta cómo se sienten las cosas al ir descubriéndolas; las decisiones al ir tomándolas. Y las posibilidades, todas en el aire.

U

La U salió campeón, pero yo me puse triste porque estaba en una fiesta, en otra ciudad, lejos de mi familia. Seguía el partido en redes sociales, la peor manera de seguir un partido. Los llamé por teléfono y los escuché celebrando. Gritando. Abrazándose. Me dolió no estar con ellos. Me dolió no estar compartiendo esa felicidad tan plena.

Soy Aldea Pardo porque mis papás son Fernando Aldea y Eleonora Pardo. Mi nombre no lo elegí. No elegí nacer donde nací, ni tener los hermanos que tengo. Soy de la U porque mis papás son de la U. Amo a mi familia. Amo a la U. No elegí a ninguna de las dos. Las dos me han hecho feliz y me han hecho sufrir. No me cambiaría de equipo como no me cambiaría de apellido.

Ese día, cuando terminó el partido y la U fue campeón, en un cumpleaños donde nadie estaba pendiente del resultado, salté de mi asiento de pura felicidad. Levanté mis brazos, invadida por la emoción.

Recordé celebraciones en la plaza de Viña. El camino costero con las ventanas abajo, la mitad de cuerpo afuera, tocando la bocina con una bandera azul en la mano.

Recordé ese campeonato de apertura el 2011, cuando le dimos vuelta el partido a la Católica. La mitad de mi familia se fue a verlo a un bar, y el resto, nos quedamos en la casa escuchándolo por la radio (yo estaba trabajando en mi título y tenía entrega). Teníamos que ganar con diferencia de tres y los de la Católica habían llegado celebrando. Ganamos 4-1 y con el corazón en la mano celebramos cada gol. Escuchar un partido así en la radio fue una experiencia angustiosa y emocionante. Lloramos abrazados. Éramos campeones. Los que estaban en el bar nos pasaron a buscar y fuimos a celebrar. Filo el trabajo, filo el título. El fútbol tiene eso. Esa capacidad de infundirte una alegría completamente irracional que te hace olvidar hasta las responsabilidades.

Recordé el bicampeonato del 95 y el campeonato del 94 con ese penal de Pato Mardones. Fue la primera vez que vi llorar a mi papá y a mis hermanos. Por fin su equipo era campeón después de veinticinco años. En esa época no se hablaba como hoy sobre estereotipos de género, y el fútbol era un espacio seguro en el que los hombres podían mostrar sus emociones más reprimidas. Fue precioso verlos llorar libres y felices. Recordé ver la final de la Sudamericana el 2011, acostada con mis papás y mi hijo mayor en su cama enorme.

Recordé que mi mamá nunca puede ver los penales y termina yéndose a otra pieza, reapareciendo sólo para celebrar cuando hay goles. Ahora yo hago lo mismo, la ansiedad es demasiado grande. Recordé los gritos y garabatos de mi papá, ofendiendo a todos los jugadores hasta que todos nos enojábamos porque al final parecía hincha del equipo contrario. Recordé los cantos de mis hermanos; los cantos que ellos me enseñaron. Escuché en mi cabeza el himno de la U, las canciones con las letras cambiadas. Los vi celebrando goles en pichangas, haciendo el mismo gesto que el Matador Salas. La colección de búhos de mi mamá que terminó por apoderarse de toda la casa. La primera vez que fui al estadio, en Sausalito.

Recordé a mi familia, feliz.

Recordé cómo se siente abrazarlos a todos al mismo tiempo, con el sonido de un gol de fondo. Cierro los ojos y puedo sentirlo. Puedo verlo. Para mí, la felicidad es azul.

V

El otro día estaba en Viña y no me acordaba del número de la micro que tenía que tomar para llegar donde quería ir. Ni siquiera estaba segura de saberlo, porque han habido cambios en el transporte de la ciudad para los que yo no he estado presente. Me sentí desorientada, en más de un sentido. Desconectada de mi origen. Y dolía.

Hasta hace poco, Viña había sido el papel donde yo escribía mi historia. El soporte. Como cuando en *Antes del atardecer*, al principio, muestran las escenas donde los personajes más adelante estarán. Mis lugares están ahí, en esa ciudad bella y creída.

Cada vez que camino por Viña, por la playa o por las calles, veo desplegarse enteras, escenas de mi vida como páginas de un libro de popup. Ahí lloré, ahí reí, ahí me caí, acá me comí el peor completo de mi vida, acá nos encontramos diez lucas y decidimos gastarlas en un motel. Aquí viví y aquí espero morir.

Mi colegio estaba en 7 Norte con Libertad. Ahí estuve en promedio ocho horas al día, cinco días a la semana, once años de mi vida. Ahí fumé un cigarrillo por primera vez, un Camel que me mareó mucho, pero no lo suficiente como para no ver al niño que me gustaba de cuarto medio (yo estaba en séptimo) comiéndose a su polola al ritmo de *Como quisiera* de Maná.

Terminé con mi primer pololo en 15 Norte con Libertad, vi cómo él iba haciéndose un punto cada vez más chico, mientras yo me alejaba en la parte de atrás de un auto hacia la recta Las Salinas. Recuerdo ver las palmeras pasar, el mar de fondo, las lágrimas y la voz de mi cuñada diciéndome que todo iba a estar bien. Qué ganas de haberle creído.

Tuve a mi primer hijo en la Clínica Reñaca. El cataclismo de mi vida; el momento de más absoluta desconfiguración sucedió en Jardín del Mar, entre esas lomas llenas de casas de colores que fingen estar en Miami y calles con nombres de algas. Lesonia, se llamaba la calle donde por primera vez fumé marihuana. Escondida entre dos autos SUV con stickers de colegios caros, este fue otro evento transformador, ahí, en el Jardín del Mar.

En un bar de mala muerte de Von Schroeder, después de un año de relación, le presenté a Cristóbal a mis dos mejores amigas. Ahí en una esquina nos curamos todos, y ahí mismo, Cristóbal y una de mis amigas empezaron a tocarse las manos y las piernas debajo de la mesa, conmigo al frente.

En la plaza de Viña saludé de beso en la mejilla a Cristóbal, el día después que terminé con él por haber querido agarrarse a mi amiga. Con el pelo cortado a machetazos y la mirada arrepentida, vino a pedirme disculpas y decidimos ir a hablar a la playa. A mitad de camino, por calle Ecuador, quiso tomarme la mano y yo lo dejé. Cuando llegamos a la playa nos sacamos los zapatos y ya todo se sintió como siempre.

Me llegó la regla por primera vez en mi casa de Las Monjas, barrio que se llamaba así porque ahí estaba el Colegio de las Monjas Inglesas, que ahora ya no existe.

En el gimnasio de ese colegio (que tenía forma de velo de monja, lo juro) fui a mi primera fiesta donde bailé *Tratar de estar mejor* de Diego Torres con un niño bonito que me puso las manos en la cintura. Pero la canción empezaba lenta y después se ponía rápida así que pronto nos separamos y ya no fue tan emocionante.

En el Sporting me gradué. Aprendí a andar en bicicleta en un pasaje de la subida Todd Everedd. Fui a ballet desde los 4 hasta los 12 años, a una casa en Miraflores que ahora es una sede universitaria. He visto fachadas cambiar y casas destruirse. He visto aparecer edificios en las dunas, y he visto llegar a gente de distintos colores y razas. Estuve ahí mientras mi ciudad cambiaba. Estuve ahí, cambiando con ella.

Y ahora ya no me acuerdo si la micro que me sirve es la 606 o la 607.

Hace mucho tiempo, para un cumpleaños, mi hermano mayor me regaló una cajita de papel que adentro tenía tres letras cortadas y plegadas, como una guirnalda. Las letras eran tres W.

WWW

En ese cumpleaños me estaba regalando un servidor y un dominio; mi propio espacio en ese universo vasto y desconocido que es la web, para que subiera lo que yo quisiera. La realidad es que mucho antes de eso, él ya me había enseñado a usar Internet, dándome la posibilidad de acceder a ese mundo. Fue el conejo blanco que seguí y que me hizo caer en el túnel, como *Alicia en el País de las Maravillas*.

En 1993, mucho antes de que se supiera que Internet iba a cambiar el mundo, mi hermano estaba aprendiendo al respecto. Empezó a diseñar sitios, así que por su trabajo tuvimos conexión en la casa mucho antes que el resto. Fue una puerta abierta a un mundo entero de posibilidades. ¿Y qué hacía yo?

Me metía a Internet a buscar a otra gente. No bajaba música, no buscaba películas, no buscaba fotos de mis ídolos adolescentes. Lo que quería era conocer a otra gente. Instalé mIRC, ICQ, ingresé a chats y busqué sitios de otras niñas de mi edad que estuvieran haciendo lo mismo que yo: escribiendo, dibujando, haciendo collages, sacando fotos. O sea, siendo adolescentes y mostrándolo. Me comunicaba con otras fanáticas de los Backstreet Boys y compartíamos videos y merchandising que en nuestros países no existía. Hablaba con otras fanáticas de

Sailor Moon e intercambiábamos fan fiction. Me parecía fascinante poder saber sobre personas que estaban lejos y, que de otra manera, no habría conocido nunca. Era intoxicante descubrir que mis penas, mis preocupaciones, mis anhelos, mis frustraciones, eran las mismas que las de una niña de mi edad al otro lado del mundo. Y era un ejercicio de voyeurismo muy adictivo poder seguir sus vidas en tiempo real. O lo más real posible, sobretodo en ese momento en el que conectarse era una hazaña, posible solamente después de las 8 de la noche, e interrumpida si alguien levantaba el teléfono.

De inmediato quise participar. Quise compartir lo que hacía. Quise compartir mi vida en este espacio donde se sentía seguro hacerlo. Siempre me había sentido un poco incómoda con el ambiente que me había tocado. Crecí en un colegio en Viña y en una casa en Reñaca, lo que significaba que la única manera de sobrevivir era parecerse lo más posible a los demás. Los mismos jeans cortados en el costado, las mismas zapatillas negras con plataformas de plástico, las mismas maneras de decir las cosas y, sobre todo, las mismas maneras de pensar. Ahí estaba yo, que sentía que me disfrazaba de ellos para no tener ningún problema; que me agachaba para no verme tan alta; que me salvaba de las burlas porque era matea y dejaba que me copiaran. Sin hermanos de mi edad y sin permisos para salir, pero con muchos lápices y papeles. Yo, que no compartía ni las cosas que escribía ni las historias que dibujaba con nadie que no fuera de mi familia, ahora tenía un espacio vasto y desconocido donde poner todo eso que hacía cuando estaba en mi pieza, sola, aislada.

Y como una especie de bengala al mundo entero, empecé a compartir mis experiencias y mi manera de lidiar con ellas. Mixtapes con tapas diseñadas por mí, sitios web sobre lo que me gustaba, collages con dibujos y poemas que resumían mis días desesperantemente típicos. Todo era una llamada, una señal de vida. Mi vida, que en ese momento se sentía tan difícil de vivir, así tan sola. Tan incomprendida por todos los que me rodeaban.

Y eso es lo que he seguido haciendo todos estos años. En Livejournal, Blogspot, Fotolog, Facebook, Instagram. A través de distintas plataformas, usando distintos lenguajes: fotos, letras, colores, conocí amigos, conocí artistas, conocí pololos por Internet. Batallando con la imposibilidad de la vida (que ahora reconozco como un sentimiento que nunca te abandona), mostrándome y dejando que los otros, los que se muestran como yo, puedan entrar. Me quedé en el País de las Maravillas, donde la maravilla y el terror más grande son las mismas personas. Creativas, chistosas, enojonas, tontas, buenas, malas y todas con un lugar. Personas radicalmente distintas y radicalmente vulnerables. Todas ahí, a un click de distancia. Es difícil sentirse orgulloso de los privilegios que nos tocaron, pero me cuesta mucho no sentirme feliz por la época en la que me tocó crecer.

Guardo esa cajita con las tres WWW adentro, como un tesoro preciado. Como si en ella guardara el brillo de esa bengala, roja y furiosa en la vastedad. Salvándome.

La música es inútil a no ser que logre que un completo extraño se derrumbe y llore.

Dumbing down of love de **Frou Frou**

Words have meaning TYPE has spirit

Las palabras tienen sentido, la tipografía tiene espíritu.

Paula Scher, una diseñadora extraordinaria

X

1. La primera vez que vi porno debo haber tenido menos de 7 años, 5 quizás, sin embargo, lo recuerdo. Me había quedado en casa, no había ido al colegio. Estaba en cama, seguramente enferma. La nana del momento me cuidaba. Se llamaba Susana. Era joven, tenía una chasquilla muy espesa y la cara muy redonda. La recuerdo en la pieza luminosa de mis papás, buscando algo en el clóset. Yo veía *La Sirenita* porque la tenía en video y era mi favorita. Cuando encontró lo que quería en el clóset, vi que era un video. Paró *La Sirenita* y lo puso. Era una porno, aunque en ese momento yo no tenía cómo saber qué era, ni qué significaba lo que estaba pasando en la pantalla. Todos hacían ruidos muy raros y se movían como unos perros que yo había visto una vez, en la vereda del frente. Luego de muchos años y en mis propias exploraciones al clóset de mis papás, descubrí que esa película se llamaba *The Poonies* y era una parodia porno de *The Goonies*, esa famosa película ochentera. Me parece curioso que la primera película porno que vi de niña, haya sido una parodia de una película infantil. Más curioso aún porque nunca vi *The Goonies*, la original.

La Susana veía la película y se reía. Yo no entendía lo que estaba mirando y menos aún lo que estaba sintiendo. Pero algún instinto, hasta ese momento dormido, me obligó a ponerme de guata en la cama y moverme como las mujeres en la tele. La Susana al verme me dijo que no lo hiciera, paró el video, lo guardó en el clóset y se fue sin decirme nada más. Al recordar la historia ahora, entiendo que ahí hubo una especie de abuso o negligencia que, en ese momento, sólo identifiqué como complicidad. Nunca les conté a mis papás. La echaron por otras razones. Aún no logro definir si lo que me pasó fue bueno o malo. Sí, este episodio me hace entender ciertas cosas sobre mí, que tampoco sé si son buenas o malas.

Entiendo que quizás, no fue la mejor idea auto imponerme la misión de enseñarle a todas mis amiguitas, que si uno se movía de guata sobre la cama con un cojín entre las piernas, se sentía rico, de una manera distinta a ninguna otra cosa. Entiendo que sí fue bueno reconocer en el sexo, precozmente, no sólo una función biológica, como la mayoría de mis pares hacía. Para ellos, su primer acercamiento al sexo fue a través de nuestra profesora, explicándonos órganos con nombres muy raros y formas muy feas en el pizarrón. Yo, de una manera muy grotesca, detecté que "algo" más había ahí, sobretodo si había gente que hacía películas sobre eso. Entiendo que fue malo hacer de ese "algo", el primordial objeto de mi curiosidad. Y desde que pude satisfacer esa misma curiosidad, me pasé mi temprana infancia y pubertad intentando descifrar qué era ese "algo".

Recuerdo leer los libros que tenían pasajes calientes, especialmente *Elogio de la madrastra* de Vargas Llosa, con una tapa muy rosada y sugerente. Recuerdo leerlo escondida, con los cachetes rojos, ardiendo. Recuerdo buscar escenas calientes en la tele (gracias I-Sat, gracias Aerosmith por el video de *Crazy*) y proponer situaciones calientes como jugar a la pieza oscura. Recuerdo barbies con las piernas muy separadas de tanto intentar encajarles

Kens, recuerdo haber buscado en internet historias sobre Sailor Moon teniendo sexo con Tuxedo Mask y recuerdo haber escrito mi propia historia en la que le regalaba mi virginidad a Nick Carter.

Desde muy chica fui muy caliente. Y no, eso no fue bueno. No porque no se deba ser caliente, sino porque estando caliente uno toma decisiones que pueden llegar a ser muy malas. Especialmente si eres chico.

2. Vinieron tres personas a mi casa a tomarme fotos. La sesión era parte de una serie sobre mujeres emprendedoras, creativas. Mujeres, de alguna manera, "admirables". Me maquillaron, me peinaron, me tomaron fotos mientras hacía mis letras. Le sacaron fotos a los afiches que tengo en la pared, a mi hijo chico, a mi perro. La idea era capturar los lugares y los oficios de estas mujeres, sus mundos.

En un momento de descuido mi hijo menor abrió el iPad que estaba sobre el escritorio, y se descubrió, a toda pantalla, un video a medio reproducir de youporn.com lo último que había estado viendo en el iPad. El cuadro era explícito: una penetración inconfundible. Yo lo vi, ellas lo vieron, todos nos miramos incómodos y yo dije, sin pensar: "Lo que pasa cuando uno le presta el iPad al marido, ah". La talla que se tira como reflejo. Se rieron, yo me reí. Salvé. Seguimos con las fotos.

Antes de acostarnos le conté la escena a Cristóbal y, mientras se la relataba, en vez de darme risa, me incomodó haber tirado esa talla. ¿Por qué sentí vergüenza de que supieran que veo porno? ¿Por qué mentí? Peor que todo: ¿Por qué le eché la culpa a mi marido, aprovechándome del prejuicio que normaliza el porno, como una experiencia exclusivamente masculina? A él no le molestó, pero a mí me molesta hasta el día de hoy. A veces pienso que lo que realmente me dio vergüenza fue el demostrarme como una persona, como una madre descuidada, que es peor. Una madre que no cumple la función de proteger las mentes inocentes de sus hijos, de la mala influencia del porno. Una madre que no bloquea el iPad.

Aún así, me arrepiento de esa respuesta que surgió desde la vergüenza. Y acá admito mi error. Debí haber respondido: "Lo que pasa cuando el marido se queda trabajando hasta tarde, ah". Eso quizás habría sido más "admirable".

3. "Mamá, ¿qué es el porno?", me pregunta mi hijo mayor, mientras vamos caminando desde el colegio. Tengo a su hermano chico en una mano y la correa de la perra en la otra. Tiene 9 años, ¿no es muy pronto para esto? A ver, a ver, a ver. ¿Cómo se explica algo que no es necesariamente malo pero que sí puede hacer muy mal? ¿Cómo se le explica a un niño algo que aún no va a entender del todo, pero que va a ser la base de cómo lo entienda en el futuro? El hermano menor quiere recoger algo del suelo que no se debe comer, la perra se nos cruza entre las piernas, y el mayor espera su respuesta con ojos redondos.

"El porno es una industria". Sí, partamos por la base.

Pero quizás es muy abstracto. "Porque hay videos porno, libros porno, hay muchas cosas porno. Es como una categoría de cosas, ¿cachai?" Su cara me dice que no hay manera de que me permita dejarlo hasta ahí. La perra acelera y el hijo menor se detiene en una vitrina. Me tiran en lados opuestos.

"Son películas o fotos que muestran o describen a personas teniendo sexo, pero muy gráficamente, ¿cachai?", "¿Qué significa gráficamente?", "Que lo muestran muy cerca". "Ah". Ya, bien.

"Es que sabes, M andaba diciendo que tenía porno en su celular". Chucha. La perra le ladra a un ciclista, el hijo menor se asusta y llora. Tienen 9 años, ¿por qué no disfrutan, nomás de ser cabros chicos y no entender las cosas? Todo se arruina cuando uno empieza a entender las cosas. De partida, ¿por qué tienen celular? "Pucha, eso está mal y a mí me gustaría que no lo vieras si M te lo muestra", le digo con la certeza de que decirlo sólo hace que le den más ganas de verlo.

"El porno no es algo malo cuando uno tiene edad para entenderlo". Ya estamos llegando, menos mal. "¿Has cachado que en las películas muestran cosas que no son reales pero uno igual se entretiene porque son películas? Ya, el porno es parecido, muestra cosas que no son reales pero si uno lo ve muy chico, capaz que creas que tener sexo es así como en las pornos, y eso estaría mal, por eso prefiero que lo veas cuando seas más grande". No sé si me entiende, no creo que me entienda, pero asiente con la cabeza. El hijo menor llama al ascensor, la perra se sienta y esperamos. Una señora mayor se sube al ascensor con nosotros.

"Te prometo que no voy a ver porno, mamá, hasta que tenga 12". La señora me mira sorprendida y yo me río nerviosa. Le hemos prometido que a los 12 va a poder tener un celular, quizás por eso la asociación. Nos bajamos rápido del ascensor. Menos mal que vivimos en el quinto y no más arriba.

Me demoro más de lo que debería en la ducha. Disfruto de ese momento de soledad. Pienso. Fantaseo. Planifico. Muevo la llave, la C de Caliente, para que el agua me queme cada vez más. El agua nunca puede estar lo suficientemente caliente. Le he preguntado a otras mujeres, ellas también prefieren el agua casi hirviendo. Me quedo ahí, parada. Aunque ya me haya lavado el pelo. Aunque ya me haya enjuagado el jabón. Dejo caer el agua por mi cuerpo hasta que mi piel está roja. Me duele. Abro la cortina, el vapor en el baño es agobiante y si entrara alguno de los tres hombres con los que comparto el baño, seguro reclamarían. Siempre reclaman. Porque me demoro mucho, porque la cuenta del agua salió muy cara, porque dejo todo empañado, porque no estoy ahí para lo que sea que necesitan.

Limpio el espejo, me miro la cara. Me veo triste.

Yo antes usaba el alias Rocketina para mis redes sociales, para mi blog, para todo. Era una especie de identidad y mucha gente, durante años, me siguió llamando Rocketina o Rocket. El otro día mi sicólogo me dijo que yo estaba triste porque estamos celebrando el funeral de la Rocketina; que la estoy dejando morir. La Rocketina es la que despega como un cohete, dejando una estela de fuego a su paso. Es la que se va al desconocido enorme, dejando atrás lo familiar, eso que conoce. Es un personaje que inventé para ponerle nombre a este sentimiento que siempre he tenido adentro. Estas ganas de estar en otro lado.

Cada cierto tiempo esas ganas se descontrolan y

atentan contra mí. No disfruto de la estabilidad. Sospecho de la estabilidad. Es el riesgo a perderlo todo lo que me hace apreciar lo que tengo; ese momento en el que te sacan (o sacas) la alfombra del piso, ese momento en el aire; lo más parecido a volar. Siempre me pasa. Desde que tengo algún tipo de autonomía.

La primera vez que pasó tenía 16 años. Llevaba toda mi vida siendo la primera del curso, teniendo buenas notas, siendo buena alumna, hija y amiga. Pero a los 15 me dieron mi primer beso, y mi ansiedad, salvaje y adolescente, se obsesionó con que me besaran de nuevo y de nuevo y de nuevo. Alguien, quien fuera. Y pasó; me besaron dos compañeros distintos. Dos compañeros cuyas pololas habían sido amigas mías toda la vida. No me importó nada. Fui una mala persona y mis amigas, con toda la razón del mundo, se pusieron en mi contra. Mi nombre figuraba siempre en la lista negra que se armaba todos los años durante las alianzas: Eleonora Aldea, por PUTA, pegado en el patio del colegio en un papel para que todos lo vieran. Todas las fotos de infancia en las que salía con mis amigas más cercanas, con mi imagen cortada, sacada, rayada. Entregadas en mis manos por una compañera que supo ser dramática para desterrarme de su vida. Sí, lo merecía. Sí, ellas estaban en su derecho. ¿Cómo les explicaba que esos niños no me importaban nada en absoluto, y que simplemente, ante la oportunidad de sentirme viva, la tomé? ¿Cómo les hacía entender que esos niños tampoco terminarían siendo importantes para ellas? ¿Por qué podían perdonarlos a ellos y a mí no? Me salí del colegio en el que había estado toda mi vida y pasé el último año en un colegio nuevo. No me arrepiento. En este primer atentado, siento que crecí.

La segunda vez fue en mi segundo año de universidad. Llevaba un tiempo de novia con mi mejor amiga y nos amábamos. Pero estábamos en una universidad muy católica y conservadora, y yo traducía todas las miradas en los pasillos a juicios. Sentía que teníamos que escondernos. Darnos besos en el baño. Nunca tomarnos la mano. El miedo me incomodaba, pero tenía beca y me iba bien en esa universidad. Tanto, que se sentía como una extensión del colegio. Quinto y sexto medio. Pero me sumergí en mi paranoia, y me convencí de que ése no era el lugar para mí. Mis papás (quizás creyéndome, quizás queriendo que me alejara de mi polola) me apoyaron y me cambié a Diseño Gráfico en otra universidad. Siempre he creído que si hubiera seguido en esa carrera, en esa universidad y hubiera terminado, me hubiera ido bien y ahora sería periodista. Pero tampoco me arrepiento, nada se aprende de lo fácil.

Escucho a mis hijos jugando y pienso si estarían mejor sin mí.

Pienso en ese año que congelé Diseño Gráfico y partí sola, peleada con mis papás, y sólo con una mochila, a vivir a Santiago. Pienso en cuando tuve que volver a Viña, embarazada. Pienso en cuando conocí a Cristóbal, y mi enamoramiento desbordado, me llevó a considerar huir con él y abandonarlo todo, incluso a mi hijo. No lo hice, y probablemente no lo haga ahora. Llevo mucho tiempo acá, en este planeta que hemos construido mi marido y yo.

Pero como en esa canción de Los Mil Jinetes, esa que dice *maldita ansiedad, anoche te traté de ahogar en un jarrón, veo que no fui lo suficientemente agresivo para no hacerte regresar*, yo a mi ansiedad la conozco. En el espejo empañado, la veo y se llama Rocketina y me dice "sí, estarían mejor sin ti". Sin una mamá que trabaja tanto, que escribe mientras sus hijos ven tele. Que se pone primero a sí misma, que quiere besar a otros hombres. Sin una mamá que siempre quiere besar a tanta gente, que ante las oportunidades de sentirse viva no puede negarse. Sin una mamá que siente que se muere un poquito cada vez que limpia un poto sucio, o revisa una tarea de matemáticas. Sin una mamá que intenta hacerlo bien pero termina haciendo lo que quiere.

¿Qué quieres?

Me pregunto. Le pregunto. Mi ansiedad no sabe. Yo tampoco.

Un día, mi hijo Leopoldo me preguntó si acaso había vida en Marte. Yo le contesté que no, que no había. Luego, me interrogó sobre si habían zombies en Marte. Yo, un poco aburrida de sus preguntas, respondí que le acababa de decir que no había vida en Marte. "Los zombies están muertos, mamá", me dijo poniendo los ojos blancos y agregando "no entiendes nada", aireado.

No pude no estar de acuerdo.

Agradecimientos

A María Paz Rodríguez, primero que todo. Por ofrecerme hacer un libro y cumplir mi, literal, sueño de la vida.

A todos los que me han prestado plataformas para que escriba cosas, especialmente a Paty Leiva por invitarme a escribir en Zancada y abrirme puertas que ni sabía que existían.

A María José Viera-Gallo que me enseñó a hacer que las cosas que me habían pasado sonaran como historias, y a Alejandro Zambra porque cuando quedé en su taller me puse a llorar y por primera vez sentí que quizá lo que escribía no eran puras tonteras.

A mis mejores amigos: Diego, Isi, Kate, Daniela, Marcia. Escribir esta cuestión fue más difícil de lo que pensé y ustedes han estado ahí haciendo el aguante.

A todos mis profesores, los de Literatura en la UAI, los de Diseño en la PUCV, los del Diplomado de Tipografía y Lettering en la Chile (especialmente porque mientras me explicaban lo que era un especimen se me ocurrió la idea para este libro), y a mi profe de Castellano en el colegio que me mandaba a todos los concursos de escritura.

A toda la gente que aparece mencionada en este libro, gracias. Incluso a los que fueron malos conmigo.

A mi familia. Mis papás, mis hermanos, todos. No cabe en este espacio tan pequeño todo lo que los amo y les agradezco.

Y por último, al Cristóbal y a mis hijos. Gracias por todo el espacio, el amor y la paciencia. Ustedes son las manos que me hacen patita y me tiran pa arriba.

Colofón

Para diseñar este libro se usaron las tipografías Minion Pro en los textos, Ulises de W Foundry en los títulos y Nutmeg, también de W Foundry, en la portada. Las letras y frases que ilustran los textos fueron hechas a mano por la autora usando caligrafía o lettering.